# One Autumn Night And Other Bilingual Polish-English Stories For Beginners

Pomme Bilingual

Published by Pomme Bilingual, 2024.

While every precaution has been taken in the preparation of this book, the publisher assumes no responsibility for errors or omissions, or for damages resulting from the use of the information contained herein.

ONE AUTUMN NIGHT AND OTHER BILINGUAL POLISH-ENGLISH STORIES FOR BEGINNERS

**First edition. November 18, 2024.**

Copyright © 2024 Pomme Bilingual.

ISBN: 979-8230498735

Written by Pomme Bilingual.

# Table of Contents

# Dom nad Rzeką

Zofia stała na brzegu rzeki. Był chłodny, jesienny dzień. Wiatr poruszał liście na drzewach. Przed nią stał dom. Był stary i duży, z dachem z czerwonej dachówki. Okna były ciemne, jakby patrzyły na nią z ukrycia.

– To mój nowy dom – powiedziała cicho do siebie.

Zofia przyjechała tutaj, aby zacząć nowe życie. W mieście, gdzie mieszkała wcześniej, wszystko przypominało jej o przeszłości. Chciała zapomnieć, ale to było trudne.

Weszła do środka. Wewnątrz dom był zimny i ciemny. Zofia zapaliła światło. Pokój dzienny był pełen starych mebli: duża kanapa, komoda i lustro na ścianie. Lustro było pokryte kurzem, ale Zofia zobaczyła w nim swoje odbicie.

– Muszę posprzątać – pomyślała.

Przez kilka dni Zofia sprzątała i urządzała dom. Jednak coś było dziwne. W nocy słyszała szumy. Czasem czuła, jakby ktoś ją obserwował.

Pewnego wieczoru, gdy siedziała na kanapie i czytała książkę, usłyszała dźwięk. Było to ciche skrzypienie, jakby ktoś chodził po schodach.

– Czy ktoś tu jest? – zapytała, ale odpowiedziała jej tylko cisza.

Postanowiła sprawdzić. Wzięła świeczkę i poszła na górę. Na strychu znalazła stary kufer. Był zamknięty na klucz. Klucz leżał obok.

Zofia otworzyła kufer. W środku były listy, stare zdjęcia i książka. Na jednym ze zdjęć była kobieta. Wyglądała jak Zofia, ale to nie mogła być ona.

– Kim jesteś? – szepnęła Zofia.

Listy były podpisane imieniem "Anna". Opowiadały historię kobiety, która mieszkała w tym domu wiele lat temu. Anna pisała o miłości, stracie i tajemnicach.

Zofia czuła, jakby dom chciał jej coś powiedzieć.

Od tamtej nocy Zofia zaczęła czuć się inaczej. Dom nie był już zimny ani obcy. Stał się jej miejscem, miejscem, gdzie mogła zacząć nowe życie.

Ale czasem, gdy patrzyła w lustro, miała wrażenie, że widzi nie tylko siebie, ale także Annę.

# The House by the River

Z ofia stood at the riverbank. It was a chilly autumn day. The wind rustled the leaves in the trees. In front of her stood a house. It was old and large, with a roof made of red tiles. The windows were dark, as if watching her from the shadows.

"This is my new home," she whispered to herself.

Zofia had come here to start a new life. In the city where she had lived before, everything reminded her of the past. She wanted to forget, but it was hard.

She stepped inside. The house was cold and dark. Zofia turned on the light. The living room was filled with old furniture: a large sofa, a dresser, and a mirror on the wall. The mirror was covered in dust, but Zofia saw her reflection in it.

"I need to clean," she thought.

For several days, Zofia cleaned and arranged the house. However, something felt strange. At night, she heard noises. Sometimes she felt as if someone was watching her.

One evening, as she sat on the sofa reading a book, she heard a sound. It was a faint creak, as if someone was walking up the stairs.

"Is someone here?" she asked, but only silence answered.

She decided to check. She took a candle and went upstairs. In the attic, she found an old chest. It was locked. The key was lying next to it.

Zofia opened the chest. Inside were letters, old photographs, and a book. In one of the photos, there was a woman. She looked like Zofia, but it couldn't be her.

"Who are you?" Zofia whispered.

The letters were signed with the name "Anna." They told the story of a woman who had lived in the house many years ago. Anna wrote about love, loss, and secrets.

Zofia felt as if the house wanted to tell her something.

From that night on, Zofia began to feel differently. The house was no longer cold or unfamiliar. It had become her place, a place where she could begin her new life.

But sometimes, when she looked in the mirror, she had the feeling that she could see not only herself but also Anna.

# Poezja na Poddaszu

———

Marek mieszkał sam w małym domu na wsi. Był cichy i zamknięty w sobie. Marek pisał wiersze, ale nikomu ich nie pokazywał.

– Moje wiersze są dla mnie – mówił do siebie.

Pewnego dnia postanowił posprzątać poddasze. Było tam pełno kurzu i starych rzeczy. Znalazł pudełka, książki i starą lampę. W kącie stała mała skrzynka.

Marek otworzył skrzynkę. W środku były stare rękopisy. Papier był żółty i kruchy. Na pierwszej stronie był tytuł: "Życie w cieniach".

– Ciekawe – powiedział Marek.

Usiadł na podłodze i zaczął czytać. Wiersze były piękne, ale smutne. Opowiadały o strachu, samotności i marzeniach, które nigdy się nie spełniły.

– Kto to napisał? – zastanawiał się Marek.

Im więcej czytał, tym bardziej czuł, że wiersze są o nim. Jakby ktoś znał jego myśli, jego życie.

Jednego wieczoru Marek usiadł przy biurku z jednym z wierszy. Zaczął pisać odpowiedź. Pisał o swoich marzeniach – o książce, którą chciał wydać, i o świecie, który chciał zobaczyć.

– Może nie jest za późno – pomyślał.

Każdego dnia wracał na poddasze, czytał wiersze i pisał swoje. Czuł, że nie jest już tak samotny. Wiersze stały się jego przyjaciółmi.

Pewnego dnia Marek zdecydował się zrobić coś odważnego. Wybrał kilka swoich wierszy i wysłał je do wydawnictwa. Bał się, ale wiedział, że musi spróbować.

Tydzień później otrzymał list. Wydawnictwo chciało opublikować jego wiersze. Marek nie mógł w to uwierzyć.

– Moje marzenie się spełnia – powiedział, patrząc na poddasze.

Od tego dnia Marek pisał więcej. Wiersze ze skrzynki przypomniały mu, że strach nie może powstrzymać marzeń.

# Poetry in the Attic

Marek lived alone in a small house in the countryside. He was quiet and introverted. Marek wrote poems, but he never showed them to anyone.

"My poems are for me," he would say to himself.

One day, he decided to clean the attic. It was full of dust and old things. He found boxes, books, and an old lamp. In the corner stood a small box.

Marek opened the box. Inside were old manuscripts. The paper was yellow and brittle. On the first page, there was a title: "Life in the Shadows."

"Interesting," said Marek.

He sat on the floor and began reading. The poems were beautiful but sad. They spoke of fear, loneliness, and dreams that were never fulfilled.

"Who wrote this?" Marek wondered.

The more he read, the more he felt that the poems were about him. It was as if someone knew his thoughts, his life.

One evening, Marek sat at his desk with one of the poems. He began writing a reply. He wrote about his dreams—about a book he wanted to publish, and about the world he wanted to see.

"Maybe it's not too late," he thought.

Every day, he returned to the attic, read the poems, and wrote his own. He felt that he was no longer so lonely. The poems had become his friends.

One day, Marek decided to do something brave. He selected a few of his poems and sent them to a publisher. He was scared, but he knew he had to try.

A week later, he received a letter. The publisher wanted to publish his poems. Marek couldn't believe it.

"My dream is coming true," he said, looking at the attic.

From that day on, Marek wrote more. The poems in the box reminded him that fear should not stop dreams.

# Kawiarnia Pod Starym Dębem

Na małej uliczce stała kawiarnia o nazwie "Pod Starym Dębem". Przed kawiarnią rósł wielki, stary dąb. Jego gałęzie dawały cień stolikom na zewnątrz.

W kawiarni pracowała Ania, miła i uśmiechnięta baristka. Zawsze witała gości ciepłym „Dzień dobry!". Ania znała wszystkich klientów i ich ulubione zamówienia.

– Dla pana Jana – kawa czarna, mocna – mówiła z uśmiechem.

– A dla pani Heleny – herbata z cytryną.

Każdy w kawiarni miał swoją historię. Pan Jan był emerytem, który codziennie czytał gazetę. Pani Helena, starsza kobieta, przychodziła na herbatę po spacerze.

Pewnego dnia do kawiarni weszła młoda kobieta. Miała na imię Kasia. Wyglądała na smutną. Usiadła przy stoliku w rogu.

– Co mogę podać? – zapytała Ania.

– Poproszę cappuccino – odpowiedziała Kasia cicho.

Ania przyniosła cappuccino i zauważyła, że Kasia patrzy przez okno.

– Wszystko w porządku? – zapytała.

Kasia pokiwała głową, ale nic nie powiedziała.

Tydzień później Kasia wróciła. Tym razem przyniosła ze sobą notes i zaczęła pisać. Ania zauważyła, że dziewczyna wydaje się spokojniejsza.

Inni klienci kawiarni także zauważyli Kasię. Pan Jan, który rzadko rozmawiał z kimkolwiek, podszedł do niej pewnego dnia.

– Lubi pani pisać? – zapytał.

Kasia uśmiechnęła się. – Tak. Piszę opowiadania.

Wkrótce Kasia zaczęła rozmawiać z panią Heleną i innymi klientami. Okazało się, że każdy miał coś ciekawego do powiedzenia.

Pewnego dnia Kasia przeczytała Ani jedno ze swoich opowiadań. Była to historia o starej kawiarni, w której ludzie znajdowali przyjaźń i spokój.

– To jest piękne – powiedziała Ania.

Kilka miesięcy później Kasia przyniosła do kawiarni książkę. Na okładce było napisane: "Pod Starym Dębem". To była książka o kawiarni i jej klientach.

– Bez was nie napisałabym tej książki – powiedziała Kasia.

Ania i klienci kawiarni byli wzruszeni. Każdy z nich czuł, że to miejsce jest wyjątkowe – miejsce pełne życzliwości i historii.

# The Café Under the Old Oak

On a small street stood a café called "Under the Old Oak." In front of the café grew a large, old oak tree. Its branches provided shade for the outdoor tables.

Ania worked at the café as a friendly and cheerful barista. She always greeted guests with a warm "Good morning!" Ania knew all the customers and their favorite orders.

"For Mr. Jan, a black, strong coffee," she would say with a smile.

"And for Mrs. Helena, tea with lemon."

Everyone at the café had their own story. Mr. Jan was a retired man who read the newspaper every day. Mrs. Helena, an older woman, came for tea after her walk.

One day, a young woman entered the café. Her name was Kasia. She looked sad. She sat at a table in the corner.

"What can I get for you?" Ania asked.

"I'll have a cappuccino," Kasia replied softly.

Ania brought the cappuccino and noticed that Kasia was staring out the window.

"Is everything alright?" Ania asked.

Kasia nodded but didn't say anything.

A week later, Kasia returned. This time, she brought a notebook and began writing. Ania noticed that the girl seemed calmer.

Other café customers also noticed Kasia. Mr. Jan, who rarely spoke to anyone, approached her one day.

"Do you like to write?" he asked.

Kasia smiled. "Yes. I write stories."

Soon, Kasia began talking to Mrs. Helena and the other customers. It turned out that everyone had something interesting to say.

One day, Kasia read one of her stories to Ania. It was a tale about an old café where people found friendship and peace.

"This is beautiful," Ania said.

A few months later, Kasia brought a book to the café. The cover read: "Under the Old Oak." It was a book about the café and its customers.

"Without you, I wouldn't have written this book," Kasia said.

Ania and the café customers were moved. Each of them felt that this place was special— a place full of kindness and stories.

# Cień w Lustrze

Jan mieszkał w wielkim domu na wzgórzu. Dom był piękny – biały, z dużymi oknami i ogrodem pełnym róż. W każdy piątek wieczorem Jan organizował przyjęcia.

Na te przyjęcia przychodzili wszyscy: bogaci, sławni i cickawi świata. W ogrodzie grała muzyka, a na stołach stały najlepsze jedzenie i wino.

– Jan to prawdziwy gospodarz – mówili goście.

Ale Jan był zagadką. Zawsze był uprzejmy, zawsze uśmiechnięty, ale nikt nie wiedział, co naprawdę czuje.

Pewnego wieczoru Anna, jedna z jego sąsiadek, zapytała go:

– Dlaczego robisz te przyjęcia?

Jan spojrzał na nią i powiedział:

– Lubię, kiedy ludzie są szczęśliwi.

Ale to nie była cała prawda. W rzeczywistości Jan żył przeszłością. Na ścianie w jego gabinecie wisiało stare zdjęcie kobiety. Miała na imię Maria. Była jego miłością, ale wiele lat temu opuściła go i nigdy nie wróciła.

Jan codziennie patrzył na to zdjęcie. Czasem rozmawiał z nim, jakby Maria mogła go usłyszeć.

– Wszystko, co robię, jest dla ciebie – mówił.

Pewnego dnia Anna przyszła do Jana po przyjęciu. Zauważyła zdjęcie na ścianie.

– Kto to jest? – zapytała.

Jan odpowiedział cicho:

– To Maria.

Anna spojrzała na niego z troską.

– Jan, musisz iść dalej. Maria już tu nie wróci.

Jan nic nie powiedział. Kiedy Anna wyszła, podszedł do lustra. W jego odbiciu zobaczył cień – cień siebie samego, zmęczonego i samotnego.

Przez kolejne tygodnie Jan przestał organizować przyjęcia. Dom stał się cichy i pusty. Jan spędzał większość czasu w swoim gabinecie, patrząc na zdjęcie Marii.

Pewnego dnia służba znalazła go w fotelu. W dłoni trzymał list, którego nigdy nie wysłał. Był to list do Marii, pełen słów miłości i żalu.

Jan nie żył już przeszłością, ale przeszłość żyła w nim do końca.

# The Shadow in the Mirror

Jan lived in a large house on a hill. The house was beautiful—white, with large windows and a garden full of roses. Every Friday evening, Jan hosted parties.

People from all walks of life came to these parties: the rich, the famous, and the curious. Music played in the garden, and the tables were filled with the finest food and wine.

"Jan is a true host," the guests would say.

But Jan was a mystery. He was always polite, always smiling, but no one knew what he really felt.

One evening, Anna, one of his neighbors, asked him,

"Why do you throw these parties?"

Jan looked at her and said,

"I like it when people are happy."

But that wasn't the whole truth. In reality, Jan lived in the past. On the wall of his office hung an old photograph of a woman. Her name was Maria. She was his love, but many years ago she left him and never came back.

Jan looked at that photograph every day. Sometimes, he spoke to it, as if Maria could hear him.

"Everything I do is for you," he would say.

One day, Anna came to visit Jan after a party. She noticed the photograph on the wall.

"Who is that?" she asked.

Jan replied quietly,

"That's Maria."

Anna looked at him with concern.

"Jan, you need to move on. Maria will never come back."

Jan didn't say anything. When Anna left, he approached the mirror. In his reflection, he saw a shadow—a shadow of himself, tired and lonely.

For the next few weeks, Jan stopped hosting parties. The house became quiet and empty. Jan spent most of his time in his office, staring at Maria's photograph.

One day, the staff found him in an armchair. In his hand, he held a letter he had never sent. It was a letter to Maria, full of words of love and regret.

Jan no longer lived in the past, but the past lived in him until the end.

# List od Nieznajomego

elena mieszkała w małym mieszkaniu na trzecim piętrze starej kamienicy. Codziennie rano piła kawę przy oknie i patrzyła na ulicę. Życie płynęło powoli i spokojnie, aż do dnia, gdy listonosz przyniósł tajemniczy list.

Na kopercie nie było nadawcy. Tylko jej imię i adres: Helena Nowak, ul. Lipowa 15, Kraków.

– Kto mógł mi to napisać? – zastanawiała się Helena.

Otworzyła list. Był napisany na żółtym papierze. Litery były równe i eleganckie:

„Droga Heleno,

Czy pamiętasz tamten dzień nad jeziorem? Czasem wspomnienia są jak echo, wracają, gdy najmniej się ich spodziewamy. Nie zapomniałem. Mam nadzieję, że Ty też nie.

Twój Nieznajomy"

Helena była zdziwiona. Nad jeziorem? Kiedy to było? Kto to napisał?

Usiadła przy stole i zaczęła myśleć. Przypomniała sobie, jak była dzieckiem. Latem jeździła z rodzicami nad jezioro. Biegała po łące, zbierała kwiaty i pływała w wodzie. Ale czy o to chodziło?

Następnego dnia poszła do biblioteki, żeby szukać informacji o tym jeziorze. Znalazła starą mapę i zdjęcia. Na jednym z nich zobaczyła ławkę, na której kiedyś siedziała z książką.

– Czy to możliwe, że ktoś mnie wtedy widział? – pomyślała.

Helena postanowiła pojechać nad jezioro. Droga była długa, ale piękna. Kiedy dotarła na miejsce, poczuła spokój. Jezioro wyglądało tak samo jak w jej wspomnieniach.

Znalazła starą ławkę. Usiadła na niej i patrzyła na wodę. Wtedy zauważyła coś dziwnego. Na ławce była wyryta litera „H".

– To musiał być ktoś, kto znał mnie wtedy – powiedziała cicho.

Helena wróciła do domu. List od nieznajomego zmienił coś w niej. Zaczęła pisać dziennik, żeby zapisać swoje wspomnienia.

Każdego dnia myślała o jeziorze, o ludziach, których spotkała, i o tym, kim była kiedyś. Zrozumiała, że list był tylko początkiem – początkiem podróży do samej siebie.

# The Letter from a Stranger

Helena lived in a small apartment on the third floor of an old tenement house. Every morning, she drank coffee by the window and looked out at the street. Life flowed slowly and peacefully, until one day when the postman brought a mysterious letter.

The envelope had no sender. Only her name and address: Helena Nowak, Lipowa Street 15, Kraków.

"Who could have written this to me?" wondered Helena.

She opened the letter. It was written on yellow paper. The letters were neat and elegant:

"Dear Helena,

Do you remember that day by the lake? Sometimes memories are like an echo, they return when we least expect them. I haven't forgotten. I hope you haven't either.

Your Stranger"

Helena was surprised. By the lake? When was that? Who wrote it?

She sat down at the table and began to think. She remembered when she was a child. In the summer, she would go with her parents to the lake. She would run through the meadow, pick flowers, and swim in the water. But was that what it meant?

The next day, she went to the library to search for information about the lake. She found an old map and some photographs. In one of them, she saw a bench where she had once sat with a book.

"Is it possible that someone saw me there?" she thought.

Helena decided to visit the lake. The road was long, but beautiful. When she arrived, she felt peace. The lake looked the same as in her memories.

She found the old bench. She sat on it and looked at the water. Then, she noticed something strange. On the bench was an engraved letter "H."

"It must have been someone who knew me back then," she said softly.

Helena returned home. The letter from the stranger had changed something in her. She began to write in a journal to record her memories.

Every day, she thought about the lake, the people she had met, and who she had been once. She understood that the letter was only the beginning—a beginning of a journey to herself.

# Księżyc nad Ogrodem

Agata była ogrodniczką. Codziennie pracowała w dużym ogrodzie pełnym kwiatów, drzew i krzewów. Uwielbiała naturę i ciszę.

Pewnego wieczoru, kiedy podlewała róże, zauważyła mężczyznę za ogrodzeniem. Stał i patrzył na niebo.

– Co pan robi? – zapytała Agata z ciekawością.

Mężczyzna uśmiechnął się. – Obserwuję księżyc. Jestem astronomem. Mam na imię Piotr.

Agata nigdy wcześniej nie rozmawiała z astronomem. Podeszła bliżej.

– Księżyc jest piękny, ale dlaczego tak pana interesuje? – zapytała.

Piotr wyjaśnił, że bada gwiazdy, planety i księżyc. Pokazał jej swój teleskop.

– Proszę spojrzeć – powiedział.

Agata spojrzała przez teleskop. Po raz pierwszy zobaczyła kratery na księżycu. Była zachwycona.

– To wygląda jak obraz! – powiedziała.

Piotr odwiedzał ogród coraz częściej. Opowiadał Agacie o gwiazdach i planetach. Ona zaś pokazywała mu swoje ulubione kwiaty i drzewa.

– Wiesz, Piotrze – powiedziała pewnego dnia – księżyc i kwiaty mają coś wspólnego. Oba dają nam spokój i piękno.

Piotr przyznał jej rację. Od tej pory Agata i Piotr spędzali wieczory razem. Ona uczyła go nazw kwiatów, a on pokazywał jej gwiazdozbiory.

Pewnej nocy, kiedy siedzieli pod drzewem, Piotr powiedział:

– Kiedy patrzę na gwiazdy, myślę o nieskończoności. A ty, Agato? O czym myślisz?

Agata uśmiechnęła się.

– Myślę o tym, że każda gwiazda i każdy kwiat są częścią czegoś większego.

Ich rozmowy były jak poezja. Piotr zaczął pisać wiersze inspirowane ogrodem, a Agata zaczęła szkicować gwiazdy.

Wkrótce ogród Agaty stał się miejscem spotkań. Sąsiedzi przychodzili, żeby posłuchać opowieści Piotra o kosmosie i podziwiać ogród Agaty.

Choć Agata i Piotr byli z różnych światów, ich przyjaźń połączyła niebo i ziemię.

# The Moon Over the Garden

Agata was a gardener. Every day, she worked in a large garden full of flowers, trees, and shrubs. She loved nature and the silence.

Once evening, while watering the roses, she noticed a man standing behind the fence. He was looking at the sky.

"What are you doing?" asked Agata, curious.

The man smiled. "I am observing the moon. I am an astronomer. My name is Piotr."

Agata had never spoken to an astronomer before. She walked closer.

"The moon is beautiful, but why does it interest you so much?" she asked.

Piotr explained that he studied stars, planets, and the moon. He showed her his telescope.

"Please look through it," he said.

Agata looked through the telescope. For the first time, she saw craters on the moon. She was amazed.

"It looks like a painting!" she said.

Piotr started visiting the garden more often. He told Agata about stars and planets. She, in turn, showed him her favorite flowers and trees.

"You know, Piotr," she said one day, "the moon and flowers have something in common. Both bring us peace and beauty."

Piotr agreed with her. From then on, Agata and Piotr spent their evenings together. She taught him the names of flowers, and he showed her constellations.

One night, while they were sitting under a tree, Piotr said:

"When I look at the stars, I think about infinity. And you, Agata? What do you think about?"

Agata smiled.

"I think that every star and every flower is part of something bigger."

Their conversations were like poetry. Piotr began writing poems inspired by the garden, and Agata started sketching the stars.

Soon, Agata's garden became a meeting place. Neighbors came to listen to Piotr's stories about the cosmos and to admire Agata's garden.

Although Agata and Piotr were from different worlds, their friendship united the sky and the earth.

# Teatr Marzeń

Kuba był młodym dramaturgiem, ale nie odnosił sukcesów. Jego sztuki były piękne, ale nikt ich nie wystawiał. Pewnego dnia otrzymał list z małego miasteczka.

„Drogi Panie Kubo,

Zapraszamy do współpracy. Potrzebujemy reżysera do naszej nowej sztuki w Teatrze Miejskim.

Z poważaniem, Anna Kowalska, dyrektor teatru”

Kuba był zaskoczony. Nie znał tego teatru, ale zdecydował się spróbować.

Kiedy przyjechał do miasteczka, teatr wyglądał na stary i zaniedbany. Na scenie stała grupa aktorów. Anna przywitała go z uśmiechem.

– Witaj, Kubo! To są nasi aktorzy.

Aktorzy byli różni: młodzi, starsi, doświadczeni i zupełnie początkujący. Kuba zaczął pracować nad sztuką. Była to historia o marzeniach i miłości.

Podczas prób pojawiły się problemy. Jedna z aktorek, Maria, nie zgadzała się z tekstem.

– To nie ma sensu! – krzyknęła. – Postać nie powinna tego mówić!

Kuba próbował zachować spokój.

– Maria, spróbujmy jeszcze raz. Może razem coś zmienimy.

Z kolei Jan, główny aktor, miał problemy z zapamiętaniem tekstu.

– Przepraszam, Kubo – powiedział. – To dla mnie za trudne.

Kuba czuł się coraz bardziej zmęczony. Czasami myślał, że nie da rady.

Pewnej nocy, siedząc sam w teatrze, spojrzał na pustą scenę. Przypomniał sobie, dlaczego kocha teatr.

– To jest miejsce marzeń – powiedział do siebie. – Nie mogę się poddać.

Następnego dnia Kuba zebrał aktorów.

– Wiem, że jest trudno – powiedział. – Ale razem możemy stworzyć coś pięknego. Uwierzcie w siebie.

Aktorzy zaczęli pracować z większym entuzjazmem. Maria zaproponowała nowe rozwiązania, a Jan zaczął ćwiczyć codziennie.

W dniu premiery teatr był pełen ludzi. Kuba stał za kulisami, obserwując aktorów. Spektakl był wspaniały. Publiczność nagrodziła aktorów gromkimi brawami.

Po przedstawieniu Maria podeszła do Kuby.

– Dziękuję ci – powiedziała. – Nauczyłeś mnie, że warto walczyć o marzenia.

Kuba uśmiechnął się.

– To nie ja – odpowiedział. – To teatr marzeń.

27

# The Theatre of Dreams

Kuba was a young playwright, but he wasn't finding success. His plays were beautiful, but no one staged them. One day, he received a letter from a small town.

"Dear Mr. Kuba,

We would like to collaborate with you. We need a director for our new play at the Municipal Theatre.

Sincerely, Anna Kowalska, Theatre Director"

Kuba was surprised. He didn't know this theatre, but he decided to give it a try.

When he arrived at the town, the theatre looked old and neglected. On stage, a group of actors was standing. Anna greeted him with a smile.

"Welcome, Kuba! These are our actors."

The actors were different: young, old, experienced, and complete beginners. Kuba began working on the play. It was a story about dreams and love.

During rehearsals, problems arose. One of the actresses, Maria, disagreed with the script.

"This doesn't make sense!" she shouted. "The character shouldn't say this!"

Kuba tried to stay calm.

"Maria, let's try again. Maybe we can change something together."

Meanwhile, Jan, the lead actor, was having trouble remembering his lines.

"Sorry, Kuba," he said. "This is too difficult for me."

Kuba felt more and more exhausted. Sometimes he thought he couldn't go on.

One night, sitting alone in the theatre, he looked at the empty stage. He remembered why he loved theatre.

"This is a place of dreams," he said to himself. "I can't give up."

The next day, Kuba gathered the actors.

"I know it's hard," he said. "But together, we can create something beautiful. Believe in yourselves."

The actors began working with more enthusiasm. Maria suggested new ideas, and Jan started practicing every day.

On the day of the premiere, the theatre was full of people. Kuba stood behind the scenes, watching the actors. The performance was wonderful. The audience rewarded the actors with a loud round of applause.

After the show, Maria approached Kuba.

"Thank you," she said. "You've taught me that it's worth fighting for dreams."

Kuba smiled.

"It's not me," he answered. "It's the theatre of dreams."

31

# Pokój pełen Kwiatów

Malwina była młodą kobietą, która właśnie straciła swoją babcię. Babcia była dla niej bardzo ważna, zawsze uśmiechnięta i ciepła. Po jej śmierci Malwina odziedziczyła małe mieszkanie.

Kiedy pierwszy raz otworzyła drzwi, zobaczyła coś niezwykłego. W pokoju stało mnóstwo doniczek z kwiatami. Były tam róże, fiołki, paprotki i wiele innych roślin. Całe mieszkanie pachniało jak ogród.

Na stole Malwina znalazła list.

„Droga Malwinko,

Te kwiaty były moją radością. Każda roślina ma swoją historię. Opiekowanie się nimi nauczyło mnie cierpliwości i miłości. Teraz przekazuję je Tobie. Dbaj o nie, a odkryjesz coś pięknego.

Z miłością, Babcia"

Malwina poczuła wzruszenie. Nigdy wcześniej nie zajmowała się roślinami, ale postanowiła spróbować.

Każdego dnia Malwina podlewała kwiaty i usuwała suche liście. Przy jednej z doniczek znalazła małą karteczkę: „Róża z mojego pierwszego ogrodu".

Malwina przypomniała sobie, jak babcia opowiadała o swoim domu na wsi.

Przy kolejnej roślinie była notatka: „Fiołek, który dostałam na ślub". Malwina wyobraziła sobie babcię w białej sukni, szczęśliwą i młodą.

Praca z kwiatami stała się dla Malwiny rytuałem. Każda roślina przypominała jej o babci i o różnych chwilach w jej życiu. Z czasem Malwina zauważyła coś jeszcze – opieka nad kwiatami uspokajała ją i dawała siłę.

Pewnego dnia do mieszkania przyszła jej przyjaciółka, Kasia.

– Malwino, twoje mieszkanie wygląda jak raj! Jak to zrobiłaś?

Malwina uśmiechnęła się.

– To dzięki babci. Każda roślina to część jej życia. Teraz uczę się od niej, jak dbać o coś ważnego.

Z czasem Malwina zaczęła kupować nowe rośliny i dodawać je do kolekcji. Czuła, że mieszkanie pełne kwiatów to nie tylko pamiątka po babci, ale także symbol miłości i nadziei.

Wieczorami siadała przy oknie z filiżanką herbaty i patrzyła na swoje rośliny. Wtedy czuła, że babcia jest blisko, jakby mieszkała z nią w tym pokoju pełnym kwiatów.

# A Room Full of Flowers

Malwina was a young woman who had just lost her grandmother. Her grandmother had been very important to her, always smiling and warm. After her death, Malwina inherited a small apartment.

When she first opened the door, she saw something extraordinary. The room was filled with countless flowerpots. There were roses, violets, ferns, and many other plants. The whole apartment smelled like a garden.

On the table, Malwina found a letter.

"Dear Malwina,

These flowers were my joy. Each plant has its own story. Caring for them taught me patience and love. Now I pass them on to you. Take care of them, and you will discover something beautiful.

With love, Grandma"

Malwina felt moved. She had never taken care of plants before, but she decided to give it a try.

Every day, Malwina watered the flowers and removed the dry leaves. Next to one of the pots, she found a small note: "The rose from my first garden".

Malwina remembered how her grandmother used to talk about her house in the countryside.

Next to another plant, there was a note: "The violet I received on my wedding day". Malwina imagined her grandmother in a white dress, happy and young.

Working with the flowers became a ritual for Malwina. Each plant reminded her of her grandmother and different moments from her life. Over time, Malwina noticed something else – taking care of the flowers calmed her down and gave her strength.

One day, her friend Kasia came to visit the apartment.

"Malwina, your apartment looks like paradise! How did you do it?"

Malwina smiled.

"It's thanks to Grandma. Each plant is part of her life. Now I'm learning from her how to care for something important."

Over time, Malwina started buying new plants and adding them to her collection. She felt that the apartment full of flowers was not only a keepsake from her grandmother but also a symbol of love and hope.

In the evenings, she sat by the window with a cup of tea and looked at her plants. Then she felt that her grandmother was close, as if she were living with her in this room full of flowers.

# Zaginione Skrzypce

Wojtek był młodym muzykiem. Grał na pianinie, ale zawsze marzył o skrzypcach. Pewnego dnia postanowił posprzątać stary strych w domu swojej babci.

Na strychu było dużo pudeł, książek i kurzu. W rogu pomieszczenia Wojtek zauważył coś dziwnego. Było to stare, zakurzone pudełko. Otworzył je powoli i zobaczył skrzypce.

Skrzypce były zniszczone – struny były zerwane, a drewno porysowane. Ale Wojtek od razu poczuł, że są wyjątkowe. W środku skrzypiec znalazł małą kartkę.

„Dla Zofii, z miłością. 1925"

Wojtek zastanawiał się, kim była Zofia. Może to była jego prababcia?

Wojtek postanowił odnowić skrzypce. Zabrał je do lutnika – specjalisty, który naprawia instrumenty.

– To bardzo stare skrzypce – powiedział lutnik. – Mają piękny dźwięk, ale potrzebują dużo pracy.

Po kilku tygodniach skrzypce były gotowe. Wojtek nie mógł się doczekać, by na nich zagrać.

Kiedy Wojtek pierwszy raz dotknął strun, poczuł coś niezwykłego. Skrzypce miały ciepły, głęboki dźwięk. Grał melodię za melodią, jakby skrzypce same podpowiadały mu, co zagrać.

Jednego dnia babcia weszła do pokoju, gdzie Wojtek ćwiczył.

– Te skrzypce należały do mojej matki – powiedziała ze łzami w oczach. – Zofia była świetną skrzypaczką, ale musiała przestać grać podczas wojny.

Babcia opowiedziała Wojtkowi historię Zofii. Była młoda i utalentowana, grała na koncertach. Skrzypce były prezentem od jej męża. Ale wojna przerwała jej karierę, a skrzypce trafiły na strych.

Wojtek zrozumiał, że te skrzypce to coś więcej niż instrument. To była historia jego rodziny, pełna smutku i nadziei.

Pewnego dnia Wojtek wystąpił na koncercie w szkole muzycznej. Grał na skrzypcach Zofii. Publiczność była zachwycona. Po koncercie Wojtek spojrzał na skrzypce i uśmiechnął się.

– Zofia, dziękuję – powiedział cicho.

Teraz Wojtek wiedział, że muzyka łączy przeszłość i teraźniejszość, a każdy dźwięk opowiada historię.

# The Lost Violin

Wojtek was a young musician. He played the piano but had always dreamed of playing the violin. One day, he decided to clean out the old attic in his grandmother's house.

The attic was full of boxes, books, and dust. In the corner of the room, Wojtek noticed something strange. It was an old, dusty box. He opened it slowly and found a violin.

The violin was damaged – the strings were broken, and the wood was scratched. But Wojtek immediately felt that it was special. Inside the violin, he found a small note.

"For Zofia, with love. 1925"

Wojtek wondered who Zofia was. Could she have been his great-grandmother?

Wojtek decided to restore the violin. He took it to a luthier – a specialist who repairs instruments.

"These are very old violins," said the luthier. "They have a beautiful sound, but they need a lot of work."

After a few weeks, the violin was ready. Wojtek couldn't wait to play it.

When Wojtek touched the strings for the first time, he felt something extraordinary. The violin had a warm, deep sound. He played melody after melody, as if the violin was guiding him on what to play.

One day, his grandmother entered the room where Wojtek was practicing.

"This violin belonged to my mother," she said with tears in her eyes. "Zofia was a wonderful violinist, but she had to stop playing during the war."

His grandmother told Wojtek the story of Zofia. She was young and talented, playing concerts. The violin had been a gift from her husband. But the war interrupted her career, and the violin ended up in the attic.

Wojtek realized that this violin was more than just an instrument. It was a story of his family, full of sadness and hope.

One day, Wojtek performed at a concert at his music school. He played on Zofia's violin. The audience was delighted. After the concert, Wojtek looked at the violin and smiled.

"Zofia, thank you," he whispered.

Now Wojtek knew that music connects the past and the present, and every sound tells a story.

# Pewnej Jesiennej Nocy

Pewnej chłodnej, jesiennej nocy, w pałacu nad rzeką, odbywał się bal. Była to elegancka impreza, pełna pięknych sukni, błyszczących strojów i śmiechu. W powietrzu unosił się zapach kwiatów i świeżo wypieczonego ciasta.

Maja była młodą kobietą o spokojnym uśmiechu i oczach, które kryły wiele myśli. Przyszła na bal, by spotkać się z przyjaciółmi, ale czuła się trochę obco wśród wszystkich bogatych gości.

Tomasz, młody mężczyzna o szarych oczach, zauważył ją zaraz po wejściu do sali. Był tajemniczy i zamknięty, nie rozmawiał z wieloma ludźmi. Jego myśli błądziły gdzieś daleko, jakby szukał czegoś, czego nie mógł znaleźć.

Ich spojrzenia spotkały się, a Maja poczuła dziwne wrażenie, jakby coś między nimi istniało, choć nigdy wcześniej się nie spotkali. Tomasz podszedł do niej.

– Dzień dobry, pani – powiedział z lekkim uśmiechem. – Piękna noc, prawda?

Maja spojrzała na niego i skinęła głową.

– Tak, bardzo piękna. Choć noc w pałacu wydaje się bardziej tajemnicza niż zwykle.

Rozmawiali przez chwilę, a rozmowa była pełna delikatnych słów i ciszy. W tym magicznym, jesiennym wieczorze czas jakby zwolnił. Wszyscy tańczyli, a oni stali z boku, w ciszy, czując, że ich rozmowa jest czymś wyjątkowym.

Maja patrzyła na Tomasza. Czuła, że w jego oczach jest jakaś historia, której nie rozumie, ale chciałaby ją poznać. Tomasz patrzył na nią, jakby szukał w jej twarzy odpowiedzi na pytania, których nie umiał zadać.

W końcu Tomasz powiedział:

– Wiesz, Maju, każda noc ma swoje zakończenie. Ale to, co przeżywamy w tych chwilach, zostaje w nas na zawsze. Może to jest najważniejsze.

Maja milczała przez chwilę, a potem odpowiedziała:

– Tak, masz rację. Chwile są jak liście opadające z drzew – ulotne, ale pełne piękna.

Gdy bal dobiegał końca, Maja i Tomasz znaleźli się na zewnątrz, przy ogrodzie, w blasku księżyca. Liście spadały z drzew, a chłodny wiatr muskał ich twarze.

Tomasz spojrzał na Maję.

– Może to była tylko jedna noc – powiedział cicho. – Ale ta noc była dla mnie czymś wyjątkowym.

Maja uśmiechnęła się.

– I dla mnie też.

Odeszli w różne strony, ale w ich sercach pozostał ślad tej jednej, magicznej jesiennej nocy.

# One Autumn Night

On a chilly autumn night, in a palace by the river, a ball was being held. It was an elegant event, full of beautiful dresses, sparkling outfits, and laughter. The air was filled with the scent of flowers and freshly baked cakes.

Maja was a young woman with a calm smile and eyes that hid many thoughts. She had come to the ball to meet with friends, but she felt a little out of place among all the wealthy guests.

Tomasz, a young man with gray eyes, noticed her as soon as he entered the hall. He was mysterious and reserved, not speaking to many people. His thoughts seemed to wander far away, as if searching for something he couldn't find.

Their gazes met, and Maja felt a strange sensation, as if something existed between them, even though they had never met before. Tomasz approached her.

"Good evening, madam," he said with a slight smile. "Beautiful night, isn't it?"

Maja looked at him and nodded.

"Yes, very beautiful. Although the night in the palace seems more mysterious than usual."

They spoke for a while, and the conversation was filled with gentle words and silence. In that magical autumn evening, time seemed to slow down. Everyone was dancing, and they stood at the side, quietly, feeling that their conversation was something special.

Maja looked at Tomasz. She felt that there was a story in his eyes that she didn't understand, but she wanted to know it. Tomasz looked at her as though searching her face for answers to questions he couldn't ask.

Finally, Tomasz said:

"You know, Maja, every night has its ending. But what we experience in those moments stays with us forever. Maybe that's what's most important."

Maja was silent for a moment, then replied:

"Yes, you're right. Moments are like leaves falling from trees – fleeting, but full of beauty."

As the ball came to an end, Maja and Tomasz found themselves outside, by the garden, in the glow of the moon. Leaves were falling from the trees, and the cool breeze brushed their faces.

Tomasz looked at Maja.

"Maybe it was just one night," he said quietly. "But this night was something special to me."

Maja smiled.

"It was special to me too."

They went their separate ways, but in their hearts, the memory of that one magical autumn night remained.

45

# Zagubiony List

Magda była młodą kobietą, która mieszkała w małym miasteczku. Niedawno straciła swoją babcię, która była bardzo ważną osobą w jej życiu. Po śmierci babci, Magda musiała posprzątać jej mieszkanie. Wszystko w nim było stare: zdjęcia, książki, filiżanki. Jednak w jednym z pudełek, pod warstwą starych listów, Magda znalazła coś niezwykłego. Był to list, nieotwarty, z adresatem, którego Magda nigdy nie znała.

List był zaadresowany do „Pani Irena Nowak, Warszawa". Magda nie znała żadnej Ireny Nowak. Zastanawiała się, dlaczego babcia nie otworzyła tego listu. To było dziwne. Czuła, że musi dowiedzieć się, co to za list.

Magda postanowiła zacząć szukać odpowiedzi. Pomyślała, że może to coś ważnego. Zaczęła od rozmowy z rodzicami, którzy znali babcię od wielu lat.

– Mamo, tato, czy pamiętacie kogoś o nazwisku Irena Nowak? – zapytała.

Rodzice spojrzeli na siebie, ale nie wiedzieli, kto to może być.

– Nie, chyba nigdy o niej nie słyszeliśmy – odpowiedziała mama. – Może to ktoś z dawnych lat, kiedy twoja babcia była młodsza.

Magda była coraz bardziej ciekawa. Wiedziała, że musi kontynuować poszukiwania.

Postanowiła udać się do starego archiwum w miasteczku. Tam znalazła zapiski dotyczące babci. Okazało się, że jej babcia, kiedy była młodsza, miała przyjaciółkę o imieniu Irena. Irena była z Warszawy, ale po wojnie zniknęła. Nikt nie wiedział, co się z nią stało.

Magda poczuła, że znalazła coś ważnego. Teraz wiedziała, że list musiał być od Ireny, sprzed wielu lat. Może babcia czekała na odpowiedź od swojej przyjaciółki?

Po kilku tygodniach poszukiwań, Magda znalazła jeszcze jeden list. Był to list, który Irena wysłała do babci, ale nigdy nie został odebrany. Magda przeczytała go. Irena pisała o swojej podróży, o tym, jak tęskniła za babcią, ale też o smutnych rzeczach z przeszłości. To był list pełen wspomnień, miłości i straty.

Magda poczuła, że zna teraz lepiej swoją babcię. Zrozumiała, że babcia miała swoją historię, swoje tajemnice, które nigdy jej nie powiedziała. Teraz Magda wiedziała, że każdy ma swoją przeszłość, którą należy szanować.

Magda trzymała list w rękach. To była bardzo ważna część jej historii, której wcześniej nie znała. Dzięki listowi, Magda poczuła, że odkryła coś o sobie, o swojej rodzinie, czego nigdy wcześniej nie wiedziała. I teraz mogła patrzeć na swoją babcię w inny sposób.

# The Lost Letter

Magda was a young woman living in a small town. She had recently lost her grandmother, who had been a very important person in her life. After her grandmother's death, Magda had to clean out her apartment. Everything in it was old: photos, books, teacups. However, in one of the boxes, under a layer of old letters, Magda found something unusual. It was a letter, unopened, addressed to someone Magda had never heard of.

The letter was addressed to "Mrs. Irena Nowak, Warsaw." Magda didn't know anyone named Irena Nowak. She wondered why her grandmother had never opened this letter. It was strange. She felt that she had to find out what the letter was about.

Magda decided to start looking for answers. She thought it might be something important. She began by talking to her parents, who had known her grandmother for many years.

"Mom, Dad, do you remember anyone named Irena Nowak?" she asked.

Her parents looked at each other, but they didn't know who that could be.

"No, we've never heard of her," her mother replied. "Maybe it's someone from the old days when your grandmother was younger."

Magda grew more and more curious. She knew she had to continue her search.

She decided to go to the old archive in town. There, she found records about her grandmother. It turned out that when her grandmother was younger, she had a friend named Irena. Irena was from Warsaw, but after the war, she disappeared. No one knew what had happened to her.

Magda felt like she had found something important. Now she knew that the letter had to be from Irena, sent many years ago. Perhaps her grandmother had been waiting for a reply from her friend?

After several weeks of searching, Magda found another letter. It was a letter that Irena had sent to her grandmother, but it had never been received. Magda read it. Irena wrote about her travels, how much she missed her grandmother, but also about the sad things from the past. It was a letter full of memories, love, and loss.

Magda felt like she now knew her grandmother better. She understood that her grandmother had her own story, her own secrets, which she had never shared. Now Magda knew that everyone has a past that should be respected.

Magda held the letter in her hands. It was a very important part of her family's history that she hadn't known before. Thanks to the letter, Magda felt like she had discovered something about herself, about her family, that she had never known. And now she could see her grandmother in a different light.

# Ogród Czasu

Andrzej był samotnym mężczyzną, który spędzał większość swojego czasu w małym mieszkaniu. Jego życie było spokojne, ale także bardzo ciche. Rzadko wychodził z domu. Jedynym miejscem, gdzie czuł się dobrze, był jego ogród. Ogród nie był piękny. Rośliny były zaniedbane, a ziemia sucha. Andrzej starał się dbać o ogród, ale nie miał wystarczająco dużo czasu ani energii.

Pewnego dnia, podczas pracy w ogrodzie, Andrzej zauważył coś dziwnego. W ziemi, tuż obok starzejącego się drzewa, leżał stary zegarek. Zegarek był pokryty brudem, ale Andrzej zobaczył, że ma piękny, złoty korpus. Postanowił go podnieść.

Kiedy wziął zegarek do ręki, poczuł dziwne uczucie. Zegarek zaczął świecić delikatnym światłem. Andrzej nie rozumiał, co się dzieje. Ale w tym momencie coś niezwykłego się stało. W ciągu kilku sekund, jakby przez przypadek, Andrzej zobaczył obraz z przeszłości. To była scena z jego dzieciństwa, gdy bawił się z bratem w ogrodzie. Andrzej nigdy wcześniej nie widział tego obrazu. To było jak sen.

Andrzej postanowił spróbować ponownie. Trzymając zegarek, zamknął oczy. Kiedy je otworzył, był znowu w swojej młodości. Stał w tym samym ogrodzie, ale był teraz dzieckiem. Czuł się szczęśliwy, jak wtedy, kiedy miał nadzieję na przyszłość. Andrzej zrozumiał, że zegarek może cofnąć czas. Czuł się zagubiony. Nie wiedział, dlaczego to się dzieje, ale wiedział, że musi się czegoś nauczyć.

Zegarek zabrał go jeszcze kilka razy do różnych momentów w jego życiu. Andrzej widział siebie, gdy był młodszy, pełen marzeń, kiedy popełniał błędy i kiedy podejmował decyzje, które później żałował. Czuł smutek, gdy widział stracone szanse i utracone marzenia. Każdy moment z przeszłości, który oglądał, przypominał mu, jak upłynął czas.

Andrzej zaczął rozumieć, że zegarek nie tylko cofał czas, ale także zmuszał go do myślenia o tym, co stracił. Czuł żal za wszystkie niepowodzenia, za każdą decyzję, którą podjął, a potem żałował. Wiedział, że nie może cofnąć czasu, ale musiał zaakceptować, że to, co było, nie wróci.

Po wielu dniach Andrzej wrócił do swojego ogrodu. Zegarek był wciąż w jego ręce. Zamiast patrzeć wstecz, postanowił patrzeć w przyszłość. Zrozumiał, że nie ma sensu ciągle wracać do przeszłości. Musiał żyć teraz, w teraźniejszości. Zegarek powoli przestał świecić, a Andrzej poczuł spokój.

Zegarek już nie miał dla niego takiej mocy. Andrzej odłożył go na półkę, patrząc na swój ogród. Choć był zaniedbany, to wciąż miał w sobie życie. Andrzej wiedział, że to on może decydować, jak będzie wyglądała przyszłość. To był jego czas.

# The Garden of Time

Andrzej was a lonely man who spent most of his time in a small apartment. His life was peaceful, but also very quiet. He rarely left his home. The only place where he felt at ease was his garden. The garden wasn't beautiful. The plants were neglected, and the soil was dry. Andrzej tried to take care of it, but he didn't have enough time or energy.

One day, while working in the garden, Andrzej noticed something strange. In the soil, right next to an aging tree, there was an old watch. The watch was covered in dirt, but Andrzej could see that it had a beautiful, golden case. He decided to pick it up.

When he held the watch in his hand, he felt a strange sensation. The watch began to glow with a soft light. Andrzej didn't understand what was happening. But at that moment, something extraordinary occurred. In a few seconds, almost by accident, Andrzej saw an image from the past. It was a scene from his childhood, playing in the garden with his brother. Andrzej had never seen this image before. It was like a dream.

Andrzej decided to try again. Holding the watch, he closed his eyes. When he opened them, he was young again. He stood in the same garden, but now he was a child. He felt happy, as he had when he was full of hope for the future. Andrzej realized that the watch could turn back time. He felt lost. He didn't know why this was happening, but he knew he had to learn something from it.

The watch took him back to different moments in his life several more times. Andrzej saw himself when he was younger, full of dreams, making mistakes, and making decisions he would later regret. He felt sadness as he saw lost opportunities and dreams that had faded. Every moment from the past that he saw reminded him of how time had passed.

Andrzej began to understand that the watch not only turned back time but also forced him to think about what he had lost. He felt sorrow for all the failures, for every decision he made and later regretted. He knew he couldn't turn back time, but he had to accept that what was gone would never return.

After many days, Andrzej returned to his garden. The watch was still in his hand. Instead of looking back, he decided to look to the future. He understood that it was pointless to keep returning to the past. He had to live now, in the present. The watch slowly stopped glowing, and Andrzej felt peace.

The watch no longer had the same power for him. Andrzej placed it on a shelf, looking at his garden. Although it was neglected, it still had life in it. Andrzej knew that he could decide what the future would look like. This was his time.

# Sekretna Książka

Aniela była kobietą w średnim wieku. Mieszkała w małym mieszkaniu na skraju miasta. Jej życie było spokojne, ale też trochę nudne. Aniela nie miała męża, dzieci ani wielu przyjaciół. Często spędzała czas sama, czytając książki, które stały na półkach jej mieszkania.

Pewnego dnia, po śmierci swojej ciotki, Aniela otrzymała kilka rzeczy. Wśród nich była stara książka, która wyglądała na bardzo zapomnianą. Książka była zakurzona, a jej okładka była zniszczona. Aniela postanowiła ją otworzyć.

Kiedy otworzyła pierwszą stronę, zobaczyła dziwne symbole i napisy. Strony były pełne ręcznych notatek, które wyglądały jak zapis myśli. Książka nie była zwykłą książką. Czuła, że ma w sobie coś niezwykłego. Aniela zaczęła czytać, choć nie rozumiała wszystkiego, co było napisane.

Wkrótce zaczęła zauważać coś dziwnego. Każdy kolejny rozdział przypominał jej wydarzenia z jej własnego życia. Niektóre z tych wydarzeń były bardzo stare, zapomniane przez nią. Były to wspomnienia, których nie chciała pamiętać. Zaczęła zauważać, że niektóre z opisanych sytuacji zdarzyły się naprawdę, w jej przeszłości.

Książka opowiadała historię kobiety, która przeżyła miłość, ból, strach i stratę. Aniela zrozumiała, że ta kobieta była nią samą. Książka opisywała jej życie, ale z perspektywy, której nigdy wcześniej nie widziała. Z każdym dniem Aniela odkrywała nowe sekrety o sobie i swojej rodzinie. W książce były też zapisane niewypowiedziane słowa, które nigdy nie dotarły do jej uszu. Dowiedziała się o rzeczach, które jej matka ukrywała przez wiele lat.

Kiedy Aniela kończyła czytać książkę, zrozumiała, że musi podjąć decyzję. Musi zdecydować, co zrobić z tymi wszystkimi odkryciami. Czy powinna porozmawiać z rodziną? A może lepiej zostawić przeszłość w spokoju? Książka nauczyła ją, że niektóre tajemnice są zbyt trudne, by je odkrywać.

Aniela poczuła, że książka zmieniła ją na zawsze. Dzięki niej zrozumiała, że przeszłość jest częścią jej życia, ale to ona decyduje, jak żyć teraz. Zaczęła patrzeć na siebie inaczej. Może nie wszystko w jej życiu było idealne, ale to, co się wydarzyło, ukształtowało ją na osobę, którą teraz była.

Książka została na jej półce, ale Aniela już nie musiała jej więcej czytać. Wiedziała, że prawdziwa siła tkwi w tym, co robi się w teraźniejszości, a nie w tym, co było kiedyś.

# The Secret Book

Aniela was a middle-aged woman. She lived in a small apartment on the edge of town. Her life was peaceful, but also somewhat dull. Aniela had no husband, children, or many friends. She often spent time alone, reading books that filled the shelves of her apartment.

One day, after the death of her aunt, Aniela inherited several things. Among them was an old book that seemed to have been long forgotten. The book was dusty, and its cover was damaged. Aniela decided to open it.

When she opened the first page, she saw strange symbols and writings. The pages were filled with handwritten notes that looked like a record of thoughts. This was no ordinary book. She felt that it held something extraordinary. Aniela began to read, although she didn't understand everything that was written.

Soon, she started noticing something strange. Each successive chapter seemed to remind her of events from her own life. Some of these events were very old, forgotten by her. They were memories she didn't want to remember. She began to realize that some of the situations described in the book had really happened in her past.

The book told the story of a woman who experienced love, pain, fear, and loss. Aniela realized that this woman was herself. The book was describing her life, but from a perspective she had never seen before. With each day, Aniela uncovered new secrets about herself and her family. The book also contained unspoken words that had never reached her ears. She learned things her mother had hidden for many years.

As Aniela finished reading the book, she understood that she had to make a decision. She had to decide what to do with all of these discoveries. Should she talk to her family? Or perhaps it would be better to leave the past alone? The book had taught her that some secrets are too difficult to uncover.

Aniela felt that the book had changed her forever. Through it, she understood that the past was part of her life, but it was up to her to decide how to live now. She began to look at herself differently. Maybe not everything in her life had been perfect, but what had happened had shaped her into the person she was now.

The book remained on her shelf, but Aniela no longer needed to read it. She knew that true strength lay in what she did in the present, not in what had once been.